Goethe | Buch Suleika

Johann Wolfgang Goethe

Buch Suleika

Gedichte aus dem
West-östlichen Divan

Mit einem Nachwort von Elisabeth Binder

Reclam

2019 Philipp Reclam jun. Verlag GmbH,
Siemensstraße 32, 71254 Ditzingen
Umschlaggestaltung: zero-media.net
Umschlagabbildung: FinePic®
Vignetten im Text: YAY Media AS / Alamy Verktorgrafik / mcherevan
Druck und buchbinderische Verarbeitung:
CPI books GmbH, Birkstraße 10, 25917 Leck
Printed in Germany 2019
RECLAM ist eine eingetragene Marke
der Philipp Reclam jun. GmbH & Co. KG, Stuttgart
ISBN 978-3-15-011223-6

Auch als E-Book erhältlich

www.reclam.de

MIX
Papier aus verantwortungsvollen Quellen
FSC www.fsc.org FSC® C083411

Suleika Nameh

Buch Suleika

Ich gedachte in der Nacht
Dass ich den Mond sähe im Schlaf;
Als ich aber erwachte
Ging unvermutet die Sonne auf.

Einladung

Musst nicht vor dem Tage fliehen:
Denn der Tag den du ereilest
Ist nicht besser als der heut'ge;
Aber wenn du froh verweilest
Wo ich mir die Welt beseit'ge,
Um die Welt an mich zu ziehen;
Bist du gleich mit mir geborgen,
Heut ist heute, morgen morgen,
Und was folgt und was vergangen
Reißt nicht hin und bleibt nicht hangen.
Bleibe du, mein Allerliebstes,
Denn du bringst es und du gibst es.

Dass Suleika von Jussuff entzückt war
Ist keine Kunst,
Er war jung, Jugend hat Gunst,
Er war schön, sie sagen zum Entzücken,
Schön war sie, konnten einander beglücken.
Aber dass du, die so lange mir erharrt war,
Feurige Jugendblicke mir schickst,
Jetzt mich liebst, mich später beglückst,
Das sollen meine Lieder preisen
Sollst mir ewig Suleika heißen.

Da du nun Suleika heißest
Sollt ich auch benamset sein,
Wenn du deinen Geliebten preisest,
Hatem! das soll der Name sein.
Nur dass man mich daran erkennet,
Keine Anmaßung soll es sein.
Wer sich St. Georgenritter nennet
Denkt nicht gleich Sankt Georg zu sein.
Nicht Hatem Thai, nicht der Alles Gebende
Kann ich in meiner Armut sein,
Hatem Zograi nicht, der reichlichst Lebende
Von allen Dichtern, möcht' ich sein.
Aber beide doch im Auge zu haben
Es wird nicht ganz verwerflich sein:
Zu nehmen, zu geben des Glückes Gaben
Wird immer ein groß Vergnügen sein.
Sich liebend aneinander zu laben
Wird Paradieses Wonne sein.

Hatem

Nicht Gelegenheit macht Diebe,
Sie ist selbst der größte Dieb,
Denn sie stahl den Rest der Liebe
Die mir noch im Herzen blieb.

Dir hat sie ihn übergeben
Meines Lebens Vollgewinn,
Dass ich nun, verarmt, mein Leben
Nur von dir gewärtig bin.

Doch ich fühle schon Erbarmen
Im Karfunkel deines Blicks
Und erfreu' in deinen Armen
Mich erneuerten Geschicks.

Suleika

Hochbeglückt in deiner Liebe
Schelt ich nicht Gelegenheit,
Ward sie auch an dir zum Diebe
Wie mich solch ein Raub erfreut!

Und wozu denn auch berauben?
Gib dich mir aus freier Wahl,
Gar zu gerne möcht ich glauben –
Ja! ich bin's die dich bestahl.

Was so willig du gegeben
Bringt dir herrlichen Gewinn,
Meine Ruh, mein reiches Leben
Geb' ich freudig, nimm es hin.

Scherze nicht! Nichts von Verarmen!
Macht uns nicht die Liebe reich?
Halt ich dich in meinen Armen,
Jedem Glück ist meines gleich.

Der Liebende wird nicht irre gehn,
Wär's um ihn her auch noch so trübe.
Sollten Leila und Medschnun auferstehn,
Von mir erführen sie den Weg der Liebe.

Ist's möglich dass ich Liebchen dich kose!
Vernehme der göttlichen Stimme Schall!
Unmöglich scheint immer die Rose,
Unbegreiflich die Nachtigall.

Suleika

Als ich auf dem Euphrat schiffte,
Streifte sich der goldne Ring
Fingerab, in Wasserklüfte,
Den ich jüngst von dir empfing.

Also träumt' ich, Morgenröte
Blitzt ins Auge durch den Baum,
Sag Poete, sag Prophete!
Was bedeutet dieser Traum?

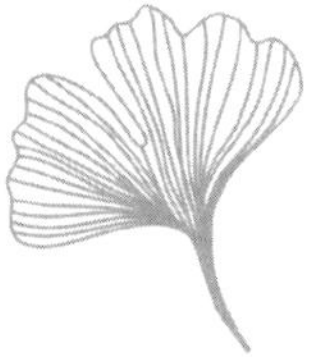

Hatem

Dies zu deuten bin erbötig!
Hab' ich dir nicht oft erzählt
Wie der Doge von Venedig
Mit dem Meere sich vermählt.

So von deinen Fingergliedern
Fiel der Ring dem Euphrat zu.
Ach zu tausend Himmelsliedern
Süßer Traum begeisterst du!

Mich, der von den Indostanen
Streifte bis Damaskus hin,
Um mit neuen Karavanen
Bis ans rote Meer zu ziehn.

Mich vermählst du deinem Flusse,
Der Terrasse, diesem Hain,
Hier soll bis zum letzten Kusse
Dir mein Geist gewidmet sein.

Kenne wohl der Männer Blicke,
Einer sagt: ich liebe, leide!
Ich begehre, ja verzweifle!
Und was sonst ist kennt ein Mädchen.
Alles das kann mir nicht helfen,
Alles das kann mich nicht rühren;
Aber Hatem! deine Blicke
Geben erst dem Tage Glanz.
Denn sie sagen: Die gefällt mir,
Wie mir sonst nichts mag gefallen.
Seh ich Rosen, seh ich Lilien,
Aller Gärten Zier und Ehre,
So Zypressen, Myrten, Veilchen,
Aufgeregt zum Schmuck der Erde.
Und geschmückt ist sie ein Wunder,
Mit Erstaunen uns umfangend,
Uns erquickend, heilend, segnend,
Dass wir uns gesundet fühlen,
Wieder gern erkranken möchten.
Da erblicktest du Suleika
Und gesundetest erkrankend,
Und erkranketest gesundend,
Lächeltest und sahst herüber
Wie du nie der Welt gelächlet.
Und Suleika fühlt des Blickes
Ewge Rede: Die gefällt mir
Wie mir sonst nichts mag gefallen.

Gingo biloba

Dieses Baums Blatt, der von Osten
Meinem Garten anvertraut,
Gibt geheimen Sinn zu kosten,
Wie's den Wissenden erbaut.

Ist es Ein lebendig Wesen?
Das sich in sich selbst getrennt,
Sind es zwei? die sich erlesen,
Dass man sie als eines kennt.

Solche Frage zu erwidern
Fand ich wohl den rechten Sinn;
Fühlst du nicht an meinen Liedern
Dass ich Eins und doppelt bin?

Suleika

Sag du hast wohl viel gedichtet?
Hin und her dein Lied gerichtet? –
Schöngeschrieben, deine Hand,
Prachtgebunden, goldgerändet,
Bis auf Punkt und Strich vollendet,
Zierlichlockend manchen Band.
Stets wo du sie hingewendet
War's gewiss ein Liebespfand.

Hatem

Ja! von mächtig holden Blicken,
Wie von lächlendem Entzücken
Und von Zähnen blendend klar.
Moschusduftend Lockenschlangen,
Augenwimpern reizumhangen,
Tausendfältige Gefahr!
Denke nun wie von so langem
Prophezeit Suleika war.

Suleika

Die Sonne kommt! Ein Prachterscheinen!
Der Sichelmond umklammert sie.
Wer konnte solch ein Paar vereinen?
Dies Rätsel wie erklärt sich's? Wie?

Hatem

Der Sultan konnt' es, er vermählte
Das allerhöchste Weltenpaar,
Um zu bezeichnen Auserwählte,
Die tapfersten der treuen Schar.

Auch sei's ein Bild von unsrer Wonne!
Schon seh ich wieder mich und dich,
Du nennst mich, Liebchen, deine Sonne,
Komm, süßer Mond, umklammre mich!

Komm Liebchen, komm! umwinde mir die Mütze
Aus deiner Hand nur ist der Tulbend schön.
Hat Abbas doch, auf Irans höchstem Sitze,
Sein Haupt nicht zierlicher umwinden sehn.

Ein Tulbend war das Band, das Alexandern
In Schleifen schön vom Haupte fiel
Und allen Folgeherrschern, jenen Andern,
Als Königszierde wohlgefiel.

Ein Tulbend ist's der unsern Kaiser schmücket,
Sie nennen's Krone. Name geht wohl hin!
Juwel und Perle! sei das Aug' entzücket!
Der schönste Schmuck ist stets der Musselin.

Und diesen hier, ganz rein und silberstreifig,
Umwinde Liebchen um die Stirn umher.
Was ist denn Hoheit? Mir ist sie geläufig!
Du schaust mich an, ich bin so groß als Er.

Nur wenig ist's was ich verlange,
Weil eben alles mir gefällt,
Und dieses Wenige, wie lange,
Gibt mir gefällig schon die Welt!

Oft sitz' ich heiter in der Schenke
Und heiter im beschränkten Haus;
Allein so bald ich dein gedenke,
Dehnt sich mein Geist erobernd aus.

Dir sollten Timurs Reiche dienen,
Gehorchen sein gebietend Heer,
Badaschan zollte dir Rubinen,
Türkise das Hyrkanische Meer.

Getrocknet honigsüße Früchte
Von Bochara dem Sonnenland,
Und tausend liebliche Gedichte
Auf Seidenblatt von Samarkand.

Da solltest du mit Freude lesen
Was ich von Ormus dir verschrieb,
Und wie das ganze Handelswesen
Sich nur bewegte dir zulieb.

Wie in dem Lande der Bramanen
Viel tausend Finger sich bemüht,
Dass alle Pracht der Indostanen
Für dich auf Woll' und Seide blüht.

Ja zu Verherrlichung der Lieben
Gießbäche Soumelpours durchwühlt,
Aus Erde, Grus, Gerill, Geschieben
Dir Diamanten ausgespült.

Wie Taucherschar verwegner Männer
Der Perle Schatz dem Golf entriss,
Darauf ein Divan scharfer Kenner
Sie dir zu reihen sich befliss.

Wenn nun Bassora noch das Letzte,
Gewürz und Weirauch beigetan,
Bringt alles was die Welt ergetzte
Die Karavane dir heran.

Doch alle diese Kaisergüter
Verwirrten doch zuletzt den Blick;
Und wahrhaft liebende Gemüter
Eins nur im andern fühlt sein Glück.

Hätt' ich irgend wohl Bedenken
Bochara und Samarkand,
Süßes Liebchen, dir zu schenken?
Dieser Städte Rausch und Tand.

Aber frag einmal den Kaiser,
Ob er dir die Städte gibt?
Er ist herrlicher und weiser;
Doch er weiß nicht wie man liebt.

Herrscher! zu dergleichen Gaben
Nimmermehr bestimmst du dich!
Solch ein Mädchen muss man haben
Und ein Bettler sein wie ich.

Die schön geschriebenen,
Herrlich umgüldeten,
Belächeltest du
Die anmaßlichen Blätter,
Verziehst mein Prahlen
Von deiner Lieb' und meinem
Durch dich glücklichen Gelingen,
Verziehst anmutigem Selbstlob.

Selbstlob! Nur dem Neide stinkt's,
Wohlgeruch Freunden
Und eignem Schmack!

Freude des Daseins ist groß,
Größer die Freud' am Dasein.
Wenn du Suleika
Mich überschwänglich beglückst,
Deine Leidenschaft mir zuwirfst
Als wär's ein Ball,
Dass ich ihn fange,
Dir zurückwerfe
Mein gewidmetes Ich;
Das ist ein Augenblick!
Und dann reißt mich von dir
Bald der Franke, bald der Armenier.

Aber Tage währt's,
Jahre dauert's, dass ich neu erschaffe
Tausendfältig deiner Verschwendungen Fülle,
Auftrösle die bunte Schnur meines Glücks,
Geklöpplet tausendfadig
Von dir, o Suleika.

Hier nun dagegen
Dichtrische Perlen,
Die mir deiner Leidenschaft
Gewaltige Brandung
Warf an des Lebens
Verödeten Strand aus.
Mit spitzen Fingern
Zierlich gelesen,
Durchreiht mit juwelenem
Goldschmuck.
Nimm sie an deinen Hals,
An deinen Busen!
Die Regentropfen Allahs,
Gereift in bescheidener Muschel.

Lieb' um Liebe, Stund' um Stunde,
Wort um Wort und Blick um Blick;
Kuss um Kuss, vom treusten Munde,
Hauch um Hauch und Glück um Glück.
So am Abend, so am Morgen!
Doch du fühlst an meinen Liedern
Immer noch geheime Sorgen;
Jussufs Reize möcht' ich borgen
Deine Schönheit zu erwidern.

Suleika

Volk und Knecht und Überwinder
Sie gestehn, zu jeder Zeit,
Höchstes Glück der Erdenkinder
Sei nur die Persönlichkeit.

Jedes Leben sei zu führen,
Wenn man sich nicht selbst vermisst;
Alles könne man verlieren,
Wenn man bliebe was man ist.

Hatem

Kann wohl sein! so wird gemeinet;
Doch ich bin auf andrer Spur,
Alles Erdenglück vereinet,
Find' ich in Suleika nur.

Wie sie sich an mich verschwendet,
Bin ich mir ein wertes Ich;
Hätte sie sich weggewendet,
Augenblicks verlör ich mich.

Nun, mit Hatem wär's zu Ende;
Doch schon hab' ich umgelost,
Ich verkörpre mich behände
In den Holden den sie kost.

Wollte, wo nicht gar ein Rabbi,
Das will mir so recht nicht ein;
Doch Ferdusi, Motanabbi,
Allenfalls der Kaiser sein.

Hatem

Wie des Goldschmieds Bazarlädchen
Vielgefärbt, geschliffne Lichter,
So umgeben hübsche Mädchen
Den beinah ergrauten Dichter.

Mädchen

Singst du schon Suleika wieder!
Diese können wir nicht leiden,
Nicht um dich – um deine Lieder
Wollen, müssen wir sie neiden.

Denn wenn sie auch garstig wäre
Macht'st du sie zum schönsten Wesen,
Und so haben wir von Dschemil
Und Boteinah viel gelesen.

Aber eben weil wir hübsch sind
Möchten wir auch gern gemalt sein,
Und, wenn du es billig machest,
Sollst du auch recht hübsch bezahlt sein.

Hatem

Bräunchen komm! Es wird schon gehen.
Zöpfe, Kämme groß und kleine,
Zieren Köpfchens nette Reine
Wie die Kuppel ziert Moscheen.

Du Blondinchen bist so zierlich,
Aller Weis' und Weg' so nette,
Man gedenkt nicht ungebührlich
Alsogleich der Minarette.

Du dahinten hast der Augen
Zweierlei, du kannst die beiden,
Einzeln, nach Belieben brauchen.
Doch ich sollte dich vermeiden.

Leichtgedrückt die Augenlider
Eines, die den Stern behelmen
Deutet auf den Schelm der Schelmen,
Doch das andre schaut so bieder.

Dies, wenn jen's verwundend angelt,
Heilend, nährend wird sich's weisen.
Niemand kann ich glücklich preisen
Der des Doppelblicks ermangelt.

Und so könnt' ich alle loben
Und so könnt' ich alle lieben:
Denn so wie ich euch erhoben
War die Herrin mit beschrieben.

Mädchen

Dichter will so gerne Knecht sein,
Weil die Herrschaft draus entspringet;
Doch vor allem sollt' ihm recht sein,
Wenn das Liebchen selber singet.

Ist sie denn des Liedes mächtig?
Wie's auf unsern Lippen waltet:
Denn es macht sie gar verdächtig
Dass sie im Verborgnen schaltet.

Hatem

Nun wer weiß was sie erfüllet!
Kennt ihr solcher Tiefe Grund?
Selbstgefühltes Lied entquillet,
Selbstgedichtetes dem Mund.

Von euch Dichterinnen allen
Ist ihr eben keine gleich:
Denn sie singt mir zu gefallen,
Und ihr singt und liebt nur euch.

Mädchen

Merke wohl, du hast uns eine
Jener Huris vorgeheuchelt!
Mag schon sein, wenn es nur keine
Sich auf dieser Erde schmeichelt.

Hatem

Locken! haltet mich gefangen
In dem Kreise des Gesichts!
Euch geliebten braunen Schlangen
Zu erwidern hab' ich nichts.

Nur dies Herz es ist von Dauer,
Schwillt in jugendlichstem Flor;
Unter Schnee und Nebelschauer
Rast ein Ätna dir hervor.

Du beschämst wie Morgenröte
Jener Gipfel ernste Wand,
Und noch einmal fühlet Hatem
Frühlingshauch und Sommerbrand.

Schenke her! Noch eine Flasche!
Diesen Becher bring ich Ihr!
Findet sie ein Häufchen Asche,
Sagt sie: der verbrannte mir.

Suleika

Nimmer will ich dich verlieren!
Liebe gibt der Liebe Kraft.
Magst du meine Jugend zieren
Mit gewaltiger Leidenschaft.

Ach! wie schmeichelt's meinem Triebe,
Wenn man meinen Dichter preist:
Denn das Leben ist die Liebe,
Und des Lebens Leben Geist.

Lass deinen süßen Rubinenmund
Zudringlichkeiten nicht verfluchen,
Was hat Liebesschmerz andern Grund
Als seine Heilung zu suchen.

Bist du von deiner Geliebten getrennt
Wie Orient vom Okzident,
Das Herz durch alle Wüste rennt,
Es gibt sich überall selbst das Geleit,
Für Liebende ist Bagdad nicht weit.

Mag sie sich immer ergänzen
Eure brüchige Welt in sich!
Diese klaren Augen sie glänzen,
Dieses Herz es schlägt für mich!

O! dass der Sinnen doch so viele sind!
Verwirrung bringen sie ins Glück herein.
Wenn ich dich sehe wünsch' ich taub zu sein,
Wenn ich dich höre blind.

Auch in der Ferne dir so nah!
Und unerwartet kommt die Qual.
Da hör' ich wieder dich einmal,
Auf einmal bist du wieder da!

Wie sollt' ich heiter bleiben
Entfernt von Tag und Licht?
Nun aber will ich schreiben
Und trinken mag ich nicht.

Wenn sie mich an sich lockte
War Rede nicht im Brauch,
Und wie die Zunge stockte
So stockt die Feder auch.

Nur zu! geliebter Schenke,
Den Becher fülle still.
Ich sage nur: Gedenke!
Schon weiß man was ich will.

Wenn ich dein gedenke,
Fragt mich gleich der Schenke:
Herr! Warum so still?
Da von deinen Lehren
Immer weiter hören
Saki gerne will.

Wenn ich mich vergesse
Unter der Zypresse
Hält er nichts davon,
Und im stillen Kreise
Bin ich doch so weise,
Klug wie Salomon.

Buch Suleika

Ich möchte dieses Buch wohl gern zusammen schürzen,
Dass es den andern wäre gleich geschnürt.
Allein wie willst du Wort und Blatt verkürzen
Wenn Liebeswahnsinn dich ins Weite führt.

An vollen Büschelzweigen,
Geliebte, sieh' nur hin!
Lass dir die Früchte zeigen
Umschalet stachlig grün.

Sie hängen längst geballet,
Still, unbekannt mit sich,
Ein Ast der schaukelnd wallet
Wiegt sie geduldiglich.

Doch immer reift von Innen
Und schwillt der braune Kern,
Er möchte Luft gewinnen
Und säh die Sonne gern.

Die Schale platzt und nieder
Macht er sich freudig los;
So fallen meine Lieder
Gehäuft in deinen Schoß.

Suleika

An des lust'gen Brunnens Rand
Der in Wasserfäden spielt
Wusst ich nicht was fest mich hielt;
Doch da war von deiner Hand
Meine Chiffer leis' gezogen,
Nieder blickt' ich dir gewogen.

Hier am Ende des Kanals
Der gereihten Hauptallee
Blick' ich wieder in die Höh,
Und da seh' ich abermals
Meine Lettern fein gezogen.
Bleibe! bleibe mir gewogen!

Hatem

Möge Wasser springend, wallend,
Die Zypressen dir gestehn:
Von Suleika zu Suleika
Ist mein Kommen und mein Gehn.

Suleika

Kaum dass ich dich wieder habe
Dich mit Kuss und Liedern labe,
Bist du still in dich gekehret;
Was beengt? und drückt und störet?

Hatem

Ach, Suleika, soll ich's sagen?
Statt zu loben möcht' ich klagen!
Sangest sonst nur meine Lieder,
Immer neu und immer wieder.

Sollte wohl auch diese loben,
Doch sie sind nur eingeschoben;
Nicht von Hafis, nicht Nisami,
Nicht Saadi, nicht von Dschami.

Kenn' ich doch der Väter Menge,
Silb' um Silbe, Klang um Klänge,
Im Gedächtnis unverloren;
Diese da sind neu geboren.

Gestern wurden sie gedichtet.
Sag hast du dich neu verpflichtet?
Hauchest du so froh-verwegen
Fremden Atem mir entgegen!

Der dich eben so belebet,
Eben so in Liebe schwebet,
Lockend, ladend zum Vereine
So harmonisch als der meine.

Suleika

War Hatem lange doch entfernt,
Das Mädchen hatte was gelernt,
Von ihm war sie so schön gelobt,
Da hat die Trennung sich erprobt.
Wohl dass sie dir nicht fremde scheinen;
Sie sind Suleikas, sind die deinen!

Behramgur, sagt man, hat den Reim erfunden,
Er sprach entzückt aus reiner Seele Drang;
Dilara schnell, die Freundin seiner Stunden,
Erwiderte mit gleichem Wort und Klang.

Und so, Geliebte! warst du mir beschieden
Des Reims zu finden holden Lustgebrauch,
Dass auch Behramgur ich, den Sassaniden,
Nicht mehr beneiden darf: mir ward es auch.

Hast mir dies Buch geweckt, du hast's gegeben:
Denn was ich froh, aus vollem Herzen, sprach,
Das klang zurück aus deinem holden Leben,
Wie Blick dem Blick, so Reim dem Reime nach.

Nun tön' es fort zu dir, auch aus der Ferne
Das Wort erreicht, und schwände Ton und Schall.
Ist's nicht der Mantel noch gesäter Sterne?
Ist's nicht der Liebe hochverklärtes All?

Deinem Blick mich zu bequemen,
Deinem Munde, deiner Brust,
Deine Stimme zu vernehmen
War die letzt' und erste Lust.

Gestern, Ach! war sie die letzte,
Dann verlosch mir Leucht' und Feuer,
Jeder Scherz der mich ergetzte
Wird nun schuldenschwer und teuer.

Eh es Allah nicht gefällt
Uns aufs Neue zu vereinen,
Gibt mir Sonne, Mond und Welt
Nur Gelegenheit zum Weinen.

Suleika

Was bedeutet die Bewegung?
Bringt der Ost mir frohe Kunde?
Seiner Schwingen frische Regung
Kühlt des Herzens tiefe Wunde.

Kosend spielt er mit dem Staube,
Jagt ihn auf in leichten Wölkchen,
Treibt zur sichern Rebenlaube
Der Insekten frohes Völkchen.

Lindert sanft der Sonne Glühen,
Kühlt auch mir die heißen Wangen,
Küsst die Reben noch im Fliehen,
Die auf Feld und Hügel prangen.

Und mir bringt sein leises Flüstern
Von dem Freunde tausend Grüße;
Eh noch diese Hügel düstern
Grüßen mich wohl tausend Küsse.

Und so kannst du weiter ziehen!
Diene Freunden und Betrübten.
Dort wo hohe Mauern glühen
Find' ich bald den Vielgeliebten.

Ach! die wahre Herzenskunde,
Liebeshauch, erfrischtes Leben
Wird mir nur aus seinem Munde,
Kann mir nur sein Atem geben.

Hochbild

Die Sonne, Helios der Griechen,
Fährt prächtig auf der Himmelsbahn,
Gewiss das Weltall zu besiegen
Blickt er umher, hinab, hinan.

Er sieht die schönste Göttin weinen,
Die Wolkentochter, Himmelskind,
Ihr scheint er nur allein zu scheinen,
Für alle heitre Räume blind

Versenkt er sich in Schmerz und Schauer
Und häufiger quillt ihr Tränenguss;
Er sendet Lust in ihre Trauer
Und jeder Perle Kuss auf Kuss.

Nun fühlt sie tief des Blicks Gewalten,
Und unverwandt schaut sie hinauf,
Die Perlen wollen sich gestalten:
Denn jede nahm sein Bildnis auf.

Und so, umkränzt von Farb' und Bogen,
Erheitert leuchtet ihr Gesicht,
Entgegen kommt er ihr gezogen,
Doch er! doch ach! erreicht sie nicht.

So, nach des Schicksals hartem Lose,
Weichst du mir Lieblichste davon,
Und wär' ich Helios der große
Was nützte mir der Wagenthron?

Nachklang

Es klingt so prächtig, wenn der Dichter
Der Sonne bald, dem Kaiser sich vergleicht;
Doch er verbirgt die traurigen Gesichter,
Wenn er in düstren Nächten schleicht.

Von Wolken streifenhaft befangen
Versank zu Nacht des Himmels reinstes Blau;
Vermagert bleich sind meine Wangen
Und meine Herzenstränen grau.

Lass mich nicht so der Nacht dem Schmerze,
Du allerliebstes, du mein Mondgesicht!
O du mein Phosphor, meine Kerze,
Du meine Sonne, du mein Licht.

Suleika

Ach! um deine feuchten Schwingen,
West, wie sehr ich dich beneide:
Denn du kannst ihm Kunde bringen
Was ich in der Trennung leide.

Die Bewegung deiner Flügel
Weckt im Busen stilles Sehnen,
Blumen, Augen, Wald und Hügel
Stehn bei deinem Hauch in Tränen.

Doch dein mildes sanftes Wehen
Kühlt die wunden Augenlider;
Ach für Leid müsst' ich vergehen,
Hofft' ich nicht zu sehn ihn wieder.

Eile denn zu meinem Lieben,
Spreche sanft zu seinem Herzen;
Doch vermeid' ihn zu betrüben
Und verbirg ihm meine Schmerzen.

Sag ihm, aber sag's bescheiden:
Seine Liebe sei mein Leben,
Freudiges Gefühl von beiden
Wird mir seine Nähe geben.

Wiederfinden

Ist es möglich, Stern der Sterne,
Drück' ich wieder dich ans Herz!
Ach! was ist die Nacht der Ferne
Für ein Abgrund, für ein Schmerz.
Ja du bist es! meiner Freuden
Süßer, lieber Widerpart;
Eingedenk vergangner Leiden
Schaudr' ich vor der Gegenwart.

Als die Welt im tiefsten Grunde
Lag an Gottes ew'ger Brust,
Ordnet' er die erste Stunde
Mit erhabner Schöpfungslust,
Und er sprach das Wort: Es werde!
Da erklang ein schmerzlich Ach!
Als das All, mit Machtgebärde,
In die Wirklichkeiten brach.

Auf tat sich das Licht! sich trennte
Scheu die Finsternis von ihm,
Und sogleich die Elemente
Scheidend auseinander fliehn.
Rasch, in wilden wüsten Träumen,
Jedes nach der Weite rang,
Starr, in ungemessnen Räumen,
Ohne Sehnsucht, ohne Klang.

Stumm war alles, still und öde,
Einsam Gott zum ersten Mal!
Da erschuf er Morgenröte,
Die erbarmte sich der Qual;
Sie entwickelte dem Trüben
Ein erklingend Farbenspiel
Und nun konnte wieder lieben
Was erst auseinander fiel.

Und mit eiligem Bestreben
Sucht sich was sich angehört,
Und zu ungemessnem Leben
Ist Gefühl und Blick gekehrt.
Sei's Ergreifen, sei es Raffen,
Wenn es nur sich fasst und hält!
Allah braucht nicht mehr zu schaffen,
Wir erschaffen seine Welt.

So, mit morgenroten Flügeln
Riss es mich an deinen Mund,
Und die Nacht mit tausend Siegeln
Kräftigt sternenhell den Bund.
Beide sind wir auf der Erde
Musterhaft in Freud und Qual
Und ein zweites Wort: Es werde!
Trennt uns nicht zum zweiten Mal.

Vollmondnacht

Herrin! sag was heißt das Flüstern?
Was bewegt dir leis' die Lippen?
Lispelst immer vor dich hin,
Lieblicher als Weines Nippen!
Denkst du deinen Mundgeschwistern
Noch ein Pärchen herzuziehn?

Ich will küssen! Küssen! sagt' ich.

Schau! Im zweifelhaften Dunkel
Glühen blühend alle Zweige,
Nieder spielet Stern auf Stern,
Und, smaragden, durchs Gesträuche
Tausendfältiger Karfunkel;
Doch dein Geist ist allem fern.

Ich will küssen! Küssen! sagt' ich.

Dein Geliebter, fern, erprobet
Gleicherweis im Sauersüßen,
Fühlt ein unglücksel'ges Glück.
Euch im Vollmond zu begrüßen
Habt ihr heilig angelobet,
Dieses ist der Augenblick.

Ich will küssen! Küssen! sag' ich.

Geheimschrift

Lasst euch, o Diplomaten!
Recht angelegen sein,
Und eure Potentaten
Beratet rein und fein.
Geheimer Chiffern Sendung
Beschäftige die Welt,
Bis endlich jede Wendung
Sich selbst ins Gleiche stellt.

Mir von der Herrin süße
Die Chiffer ist zur Hand,
Woran ich schon genieße,
Weil sie die Kunst erfand.
Es ist die Liebesfülle
Im lieblichsten Revier,
Der holde, treue Wille
Wie zwischen mir und ihr.

Von abertausend Blüten
Ist es ein bunter Strauß,
Von englischen Gemüten
Ein vollbewohntes Haus;
Von buntesten Gefiedern
Der Himmel übersä't,
Ein klingend Meer von Liedern
Geruchvoll überweht.

Ist unbedingten Strebens
Geheime Doppelschrift,
Die in das Mark des Lebens
Wie Pfeil um Pfeile trifft.
Was ich euch offenbaret
War längst ein frommer Brauch,
Und wenn ihr es gewahret,
So schweigt und nutzt es auch.

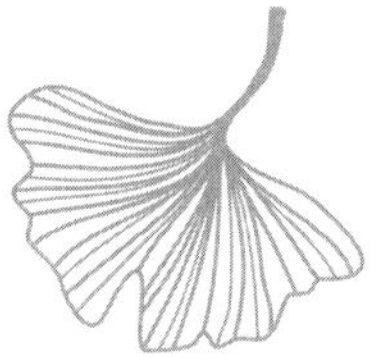

Abglanz

Ein Spiegel er ist mir geworden,
Ich sehe so gerne hinein,
Als hinge des Kaisers Orden
An mir mit Doppelschein;
Nicht etwa selbstgefällig
Such' ich mich überall;
Ich bin so gerne gesellig
Und das ist hier der Fall.

Wenn ich nun vorm Spiegel stehe,
Im stillen Witwerhaus,
Gleich guckt, eh' ich mich versehe,
Das Liebchen mit heraus.
Schnell kehr' ich mich um, und wieder
Verschwand sie die ich sah,
Dann blick ich in meine Lieder,
Gleich ist sie wieder da.

Die schreib' ich immer schöner
Und mehr nach meinem Sinn,
Trotz Krittler und Verhöhner,
Zu täglichem Gewinn.
Ihr Bild in reichen Schranken
Verherrlichet sich nur,
In goldnen Rosenranken
Und Rähmchen von Lasur.

Suleika

Wie! Mit innigstem Behagen,
Lied, empfind' ich deinen Sinn!
Liebevoll, du scheinst zu sagen:
Dass ich ihm zur Seite bin.

Dass Er ewig mein gedenket,
Seiner Liebe Seligkeit
Immerdar der Fernen schenket,
Die ein Leben ihm geweiht.

Ja! mein Herz, es ist der Spiegel,
Freund! worin du dich erblickt,
Diese Brust, wo deine Siegel
Kuss auf Kuss hereingedrückt.

Süßes Dichten, lautre Wahrheit
Fesselt mich in Sympathie!
Rein verkörpert Liebesklarheit,
Im Gewand der Poesie.

Lass den Weltenspiegel Alexandern:
Denn was zeigt er? – Da und dort
Stille Völker, die er, mit den andern,
Zwingend rütteln möchte fort und fort.

Du! nicht weiter, nicht zu Fremdem strebe!
Singe mir, die du dir eigen sangst.
Denke dass ich liebe dass ich lebe
Denke dass du mich bezwangst.

Die Welt durchaus ist lieblich anzuschauen,
Vorzüglich aber schön die Welt der Dichter,
Auf bunten, hellen oder silbergrauen
Gefilden, Tag und Nacht, erglänzen Lichter.
Heut ist mir alles herrlich, wenn's nur bliebe,
Ich sehe heut durchs Augenglas der Liebe.

In tausend Formen magst du dich verstecken,
Doch, Allerliebste, gleich erkenn' ich dich,
Du magst mit Zauberschleiern dich bedecken,
Allgegenwärtige, gleich erkenn' ich dich.

An der Zypresse reinstem, jungen Streben,
Allschöngewachsne, gleich erkenn' ich dich,
In des Kanales reinem Wellenleben,
Allschmeichelhafte, wohl erkenn' ich dich.

Wenn steigend sich der Wasserstrahl entfaltet,
Allspielende, wie froh erkenn' ich dich.
Wenn Wolke sich gestaltend umgestaltet,
Allmannigfaltige, dort erkenn' ich dich.

An des geblümten Schleiers Wiesenteppich,
Allbuntbesternte, schön erkenn' ich dich.
Und greift umher ein tausendarmger Eppich,
O! Allumklammernde, da kenn' ich dich.

Wenn am Gebirg der Morgen sich entzündet,
Gleich, Allerheiternde, begrüß' ich dich,
Dann über mir der Himmel rein sich ründet,
Allherzerweiternde, dann atm' ich dich.

Was ich mit äußerm Sinn, mit innerm kenne,
Du Allbelehrende, kenn' ich durch dich.
Und wenn ich Allahs Namenhundert nenne,
Mit jedem klingt ein Name nach für dich.

Zu dieser Ausgabe

Der Text der vorliegenden Auswahlausgabe folgt

Johann Wolfgang Goethe: West-östlicher Divan. Studienausgabe. Hrsg. von Michael Knaupp. Stuttgart: Reclam, 1999. S. 141–192. (UB 6785.)

Die Orthographie wurde unter Wahrung des Lautstandes behutsam modernisiert, die Zeichensetzung blieb unangetastet.

Nachwort

Landschaft mit Regenbogen

Ein erstes, noch ungebundenes Exemplar des *West-östlichen Divan* hatte Goethe gleich nach dem Erscheinen im August 1819 an die Willemers, den Frankfurter Bankier Johann Jakob und seine sehr viel jüngere Frau Marianne, geschickt. Im November dann folgte ein zweites, gebundenes Exemplar – rot, mit Goldprägung und farbigem Titelkupfer »im orientalischen Anstand« –, dem vermutlich das folgende Gedicht als Widmung an Marianne beilag:

Liebchen ach! im starren Bande
Zwängen sich die freien Lieder,
Die im reinen Himmels-Lande
Munter flogen hin und wieder.
Allem ist die Zeit verderblich,
Sie erhalten sich allein.
Jede Zeile soll unsterblich,
Ewig, wie die Liebe sein.
1815 1819

Das Gedicht beschwört eine vergangene Glückserfahrung herauf. Die Jahreszahl 1815 verankert sie in der

Realität. Doch mit dem Wort »Himmels-Land« erhält sie zugleich etwas Verklärtes. Was aufscheint, ist eine herrliche Freiheit. Als seien die Gedichte damals Vögel gewesen, Wesen der Luft, von einem lebendigen Atem erzeugt und in diesem Medium getauscht: gesprochen, gesungen. Lebewesen, die nun, gedruckt, auf dem Papier sitzen: zwischen zwei Buchdeckeln wie in einem Gefängnis. Immerhin, und das mag denn doch für diese gedruckte Form sprechen, in der sie vier Jahre später erscheinen, werden sie auf diese Weise alterslos, die Zeit kann ihnen nichts anhaben. Und so verkörpern sie wenigstens sinnbildlich jene Ewigkeit, nach der die Dichtung ebenso verlangt wie die Liebe. Jedenfalls bei Goethe noch. Und zweihundert Jahre haben dieses Buch und seine besondere Liebesgeschichte nun tatsächlich schon Bestand.

Von jenem lebendigen Versetausch wusste bei Erscheinen des *Divan* allerdings nur ein kleinster vertrauter Kreis. Was erstaunlich ist, denn die »Anekdotenjäger«, wie sie Goethe im *Divan* einmal nennt, waren sonst immer schnell zur Stelle, um hinter einem poetischen »Liebchen« das Vorbild in der Wirklichkeit aufzuspüren. Ob die Unkenntnis der Zusammenhänge im Fall des *Buchs Suleika* der gelungenen Täuschung durch die orientalische Verkleidung geschuldet war, der strengen Diskretion der Beteiligten, oder ganz einfach dem Mangel an Interesse am gesamten *West-östli-*

chen Divan, der den meisten Zeitgenossen ein »Rätsel ohne Schlüssel« blieb, ist schwer zu sagen. Jedenfalls erschien erst 1869, neun Jahre nach Marianne Willemers Tod und siebenunddreißig nach dem Goethes, von dem jungen Germanisten Herman Grimm, der mit Marianne in ihren letzten Lebensjahren befreundet war, ein Aufsatz mit dem Titel *Goethe und Suleika*, der wenigstens für d i e s e s Rätsel einen Schlüssel gab.

Zwar wusste man schon zuvor von Goethes Freundschaft mit der Familie Willemer und auch von seinem Aufenthalt auf deren Landgut, der Gerbermühle bei Frankfurt, im Sommer 1815. Doch erst jetzt erfuhr die Öffentlichkeit, dass eine zärtliche Neigung zwischen dem damals 66-Jährigen und der fünfunddreißig Jahre jüngeren Marianne den »Grund und Boden« für das *Buch Suleika* bildete. Dass auch diese orientalisch-persisch inszenierten Liebesgedichte das waren, was Goethe so gern und etwas irreführend »Gelegenheitsgedichte« nennt. Und dass mindestens zwei Gedichte, die man, vertont, schon oft gehört hatte und also besser kannte als den ganzen übrigen *Divan*, von Marianne selbst stammten: das Gedicht an den Ostwind und das Gedicht an den Westwind. In der deutschen Liebeslyrik und im deutschen Liedgesang (bekannt heute insbesondere in Schuberts und Mendelssohns Vertonung) etwas vom Schönsten, Berührendsten.

Dass diese Entdeckung ihrerseits etwas Berührendes hatte, dass ein scheinbar verkünsteltes Buch wie der *Divan* plötzlich einen menschlichen Kern offenbarte, und, dank Marianne, auch noch einen so sympathischen, hat sicher viel zu seiner wachsenden Popularität beigetragen. Und als dann 1877 auch noch Goethes Briefwechsel mit Marianne erstmals erschien, wurde aus dieser Beziehung – die nur ein paar Wochen der Nähe kannte, endend mit einem kurzen aufwühlenden Wiedersehen in Heidelberg, doch während vieler Jahre sich in eine von der Erinnerung an jene »glücklichste Zeit« getragene Freundschaft aus der Ferne verwandelte – für die Nachwelt eine Epoche in Goethes Leben.

Das *Buch Suleika* ist im *West-östlichen Divan* nur eines von zwölfen, jedoch bei weitem das umfangreichste. In den *Noten und Abhandlungen zum besseren Verständnis*, diesem langen erläuternden Prosateil des *Divan*, nennt es Goethe »das stärkste der ganzen Sammlung«. Man kann dies ruhig im doppelten Wortsinn lesen. Es ist die gefeierte weibliche Präsenz, die in männlich-weiblicher Wechselrede sich ereignende Liebesgeschichte, welche die Welt des *Divan* im Innersten zusammenhält.

Und eine Welt war es wirklich, die sich Goethe erschloss, als sein Verleger Cotta im Frühling 1814, ein halbes Jahr nach der Völkerschlacht bei Leipzig – nach so vielen Kriegsjahren herrschte in Deutschland endlich Frieden, was auch Goethe wie eine »Wiedergeburt« erlebte (dass es nach Napoleons Rückkehr von seinem Verbannungsort Elba ein Jahr später erneut zu einer großen Schlacht bei Waterloo kommen würde, ahnte man da noch nicht) –, ihm eine erste vollständige Übersetzung von Hafis' *Diwan* (zu Deutsch: Gedichtsammlung) zum Geschenk machte. Goethe hatte zuvor schon einzelne Gedichte des um 1320 in Schiras geborenen persischen Sängers gekannt. Doch erst als er die ganze umfangreiche Sammlung, übersetzt und eingeleitet von dem österreichischen Diplomaten und Orientalisten Joseph von Hammer-Purgstall, in Händen hielt, erkannte er die ungewöhnliche poetische Kraft dieser Dichtung. Die ihn spontan so ergriff und begeisterte und so vieles berührte, was an ähnlicher Empfindung in ihm bereitlag, dass er nicht anders als schöpferisch darauf antworten konnte. Wie er in den *Annalen* 1815 schreibt: »… ich musste mich dagegen produktiv verhalten, weil ich sonst vor der mächtigen Erscheinung nicht hätte bestehen können.«

So kam es – über fünfhundert Jahre und alle möglichen Kulturgrenzen hinweg – zu einer Art Sängerwettstreit. Der jedoch nicht die Konkurrenz, sondern das Verbindende suchte, im Fremden das zum eigenen Schaffen Animierende. Wie es in dem Gedicht *Nachbildung* im *Buch Hafis* heißt:

So schlang's von dir sich fort mit ew'gen Gluten
Ein deutsches Herz von frischem zu ermuten.

Das hatte allerdings auch eine intensive Beschäftigung mit Hafis' Kultur, seiner Religion – Hafis war Muslim und, wie sein Name sagt, Korangelehrter –, seiner historischen Situation und Lebenswelt, dem weiten Feld der persischen Dichtung, zur Folge. Und Goethe war es mehr als recht, durch diesen imaginativen Aufenthalt im Orient dem »lieben Mittel-Europa« entrückt zu sein. Denn als bedrohlich empfand er nicht nur den Zusammensturz der alten, überlebten Ordnungen in Europa: durch die Französische Revolution gewaltsam angestoßen und durch Napoleon letztlich nicht gebannt, sondern durch seine Eroberungsfeldzüge und sein Scheitern am Ende ins Weltgeschichtliche gesteigert. Auch das während der Befreiungskriege in Deutschland entstandene Nationalgefühl und ein romantisches Bedürfnis zu den mythischen Gründen einer »alten Deutschheit« und einem mittelalterlich verbrämten Christentum zurückzukehren, erweckten in ihm höchst ungute Gefühle. So inszenierte er denn selbst sein poetisches Zwiegespräch mit dem persischen Dichter und seine Wendung gen Osten als eine »Flucht«.

Hegire (Flucht) – so ist gleich das Eingangsgedicht des *Divan* programmatisch betitelt, anspielend auf

Mohammeds Emigration von Mekka nach Medina im Jahr 622, mit dem die islamische Zeitrechnung beginnt. Nun war das französische Wort Hegire (arabisch: Hidschra) ein damals in gebildeten Kreisen geläufiges für einen folgenreichen Aufbruch in etwas Neues. Auch seine Italienreise (1786–1788) bezeichnete Goethe als »Hegire«. Und schon als Kind fühlte er sich gelegentlich veranlasst, wenn es draußen »wild und wunderlich« herging, in eine andere Welt zu »flüchten«. Damals waren es, wie Goethe in *Dichtung und Wahrheit* schreibt, die »morgenländischen Gegenden« des Alten Testaments, die Bücher Mose, die Geschichte und die Geschichten des jüdischen Volks, die ihn fesselten und seiner reizbaren Phantasie einen Frieden schenkten, den er in seiner wirklichen Umgebung selten fand. Daran erinnert noch das Eingangsgedicht des *Divan*, wenn es beginnt:

Nord und West und Süd zersplittern,
Throne bersten, Reiche zittern,
Flüchte du, im reinen Osten
Patriarchenluft zu kosten.
Unter Lieben, Trinken, Singen,
Soll uns Chisers Quell verjüngen.

Zwei Welten kommen hier zusammen: die »Patriarchenluft« des Alten Testaments und die »Verjüngung«

des Dichters durch die persische Legendengestalt Chiser, die als grün gekleideter Jüngling (oder auch Greis) den Quell des Lebens hütet und von der schon Hafis seine Dichtergabe einst empfangen haben wollte.

Ein kulturell durchaus gemischter Raum also ist dieser »rein« genannte Osten, der dem deutschen Dichter vorschwebt, wenn er seine »Flucht« antritt. Man kann auch sagen: seine Orientfahrt. Denn nicht als ein Flüchtender erscheint er in den *Noten und Abhandlungen*, sondern als »Handelsmann«, der mit Karawanen zieht und der die mitgebrachten Schätze – was konkret dann die Gedichte sind – seinen deutschen Landsleuten gern mitteilen, sie mit ihnen teilen möchte. Womit der *West-östliche Divan* schon vormacht, was Goethe später, als ihm die Vorstellung einer »Weltliteratur« immer einleuchtender wird, einen »geistigen Handelsverkehr« nennt. Nach den »fürchterlichsten Kriegen«, die viele Jahre seiner Lebenszeit überschatteten, sieht er in solchem Austausch die Möglichkeit einer Verständigung zwischen den Nationen. Das setzt den Willen voraus, sich in eine fremde Kultur und in den Stil ihrer Dichtung so weit wie möglich einzufühlen, wie Goethe ebenfalls in den *Noten und Abhandlungen* schreibt: »Wollen wir an diesen Produktionen der herrlichsten Geister teilnehmen, so müssen wir uns orientalisieren, der Orient wird nicht zu uns herüberkommen.«

Mit politischer Korrektheit hat das allerdings nichts zu tun. Doch viel mit der kosmopolitischen Haltung eines »Weltbürgers«, der den Frieden liebt, nicht den Krieg. Mit einer Lust an Weltkenntnis, die den Naturforscher ebenso beseelte wie den Dichter. Und mit einem ursprünglichen Bedürfnis nach Weite, das auch hinter Goethes Italienreise stand. »Ich besonders bedarf der Weite gar sehr«, wie er aus Neapel einmal schreibt. Und es ist wohl nicht zufällig, dass er in derselben Zeit, in der die *Divan*-Gedichte entstanden, auch die Briefe und Tagebücher seiner Italienreise redigierte und zur *Italienischen Reise* zusammenstellte. So dass er sich in den Jahren 1814/15 stets auf zwei Reisen befand: einer imaginären in den Osten und einer erinnerten in den Süden. Von der er ebenfalls aus Neapel schrieb: »Gewiss, es wäre besser, ich käme gar nicht wieder, wenn ich nicht wiedergeboren zurückkommen kann.«

Wiederum nicht zufällig erscheint in diesem Kontext, dass ihn genau zu der Zeit auch seine zwei wirklichen Sommerreisen zur Kur nach Wiesbaden, mit den anschließenden Aufenthalten in Frankfurt (seiner Geburtsstadt) und Heidelberg bei den Brüdern Boisserée und ihrer fabelhaften Kunstsammlung, verjüngten wie lang nichts mehr. Es ist ein doppeltes Gefühl – von Lebensrückschau wie von Neubeginn und Verwandlung –, das Goethe, als er im Juli 1814 die erste

Reise nach Wiesbaden antritt, beflügelt. Das ihn mit enthusiastischer Schaffenslust erfüllt und – kaum liegt Weimar hinter ihm – mit Liebesahnungen:

Phänomen

Wenn zu der Regenwand
Phoebus sich gattet,
Gleich steht ein Bogenrand
Farbig beschattet.

Im Nebel gleichen Kreis
Seh ich gezogen,
Zwar ist der Bogen weiß,
Doch Himmelsbogen.

So sollst du, muntrer Greis,
Dich nicht betrüben,
Sind gleich die Haare weiß,
Doch wirst du lieben.

Was Goethe gesehen haben muss an diesem ersten Reisemorgen, kurz nach Sonnenaufgang, die Welt noch in Morgendunst gehüllt, war das seltene Phänomen eines Nebelbogens, weiß oder fast weiß der Kleinheit der Nebeltröpfchen wegen. *Seltnes Meteor* hatte er das Gedicht zuerst, noch tagebuchartig, betitelt, im Sinn von: seltene, durch meteorologische Bedingungen verursachte Himmelserscheinung. Später wählte er den in der Naturwissenschaft geläufigen Ausdruck *Phänomen*. Das Gedicht beginnt jedoch mit einem bekannteren Phänomen: dem Farbenwunder des Regenbogens. Poetisch evoziert in Gestalt des griechischen Mythos: wenn Phoebus Apoll, der Sonnengott, sich mit den Regentropfen (der »Regenwand«) in einem Liebesakt verbindet (»sich gattet«), so dass die Spektralfarben erscheinen. Im Gegensatz zu Newton aber eben nicht durch eine Brechung des Lichts in seine ihm immanenten Farben, sondern – so Goethes Überzeugung – durch eine Verbindung des reinen, farblosen Lichts mit einem trüben, beziehungsweise »schattigen« Medium, in dem Fall den Regentropfen, wodurch die Farben erst entstehen.

Das Phänomen des Regenbogens ist für Goethe immer wichtig gewesen. Als physikalisches – seine *Geschichte der Farbenlehre* beginnt damit – und als poetisches: als Liebes- und Friedenszeichen. Ein Regenbogen war es ja auch, der in seinem Haus am Frauenplan – in Gestalt eines Deckengemäldes über dem großen Treppenaufgang – den Eintretenden als Erstes empfing: die Friedensbotin Iris umkränzend.

Und wenn der »muntre Greis« (weißhaarig wie Hafis, und ebenso lebensfroh) sich, nicht ohne leise Ironie, in dem weißen Nebelbogen spiegelt, so ist es offensichtlich dessen Korrespondenz mit dem Regenbogen und dass es sich beide Male um einen »Himmelsbogen« handelt, was den schönen Aberglauben erzeugt: »Doch wirst du lieben.«

Welche Ahnungen Goethe auch immer erfüllten in diesem Moment des Aufbruchs (es war der 25. Juli 1814) – an Marianne Willemer konnte er jedenfalls nicht gedacht haben, da sie noch gar nicht in sein Blickfeld getreten war. Doch einundeinviertel Jahr später, am 7. November 1815 – Goethe war von seinem zweiten Wiesbadener Kuraufenthalt nach Weimar zurückgekehrt, der Besuch bei den Willemers auf der Gerbermühle und in deren Stadthaus (vom 12. August bis zum 18. September) sowie die kurze Wiederbegegnung in Heidelberg (vom 23. bis zum 26. September) waren bereits Vergangenheit – konnte er nur Marianne/Suleika im Sinn haben, als noch einmal das Phänomen des Regenbogens für ihn poetisch wichtig wurde. Doch wie anders jetzt!

Hochbild

Die Sonne, Helios der Griechen,
Fährt prächtig auf der Himmelsbahn,
Gewiss das Weltall zu besiegen
Blickt er umher, hinab, hinan.

Er sieht die schönste Göttin weinen,
Die Wolkentochter, Himmelskind,
Ihr scheint er nur allein zu scheinen,
Für alle heitre Räume blind

Versenkt er sich in Schmerz und Schauer
Und häufiger quillt ihr Tränenguss;
Er sendet Lust in ihre Trauer
Und jeder Perle Kuss auf Kuss.

Nun fühlt sie tief des Blicks Gewalten,
Und unverwandt schaut sie hinauf,
Die Perlen wollen sich gestalten:
Denn jede nahm sein Bildnis auf.

Und so umkränzt von Farb' und Bogen,
Erheitert leuchtet ihr Gesicht,
Entgegen kommt er ihr gezogen,
Doch er! doch ach! erreicht sie nicht.

So, nach des Schicksals hartem Lose,
Weichst du mir Lieblichste davon,
Und wär' ich Helios der große
Was nützte mir der Wagenthron?

Das ist ein ebenso schmerzerfülltes wie großartiges Gedicht, das Trennung und Entsagung – auf der biographischen Ebene unvermeidlich – in einem wiederum in Form des Mythos erzählten und dramatisierten Naturvorgang (der Entstehung des Regenbogens) spiegelt. Und man weiß nicht, was einen mehr ergreift: das mythisch personifizierte Naturgeschehen oder das menschliche Schicksal, das es symbolisiert. Es ist das eine vom andern auch gar nicht zu trennen: der seelische Schmerz nicht vom Naturbild, der Mikrokosmos nicht vom Makrokosmos. Und gerade dieses Untrennbare macht beides und in Wechselwirkung: weltengroß und auf ergreifende Weise intim.

Das gleich darauf folgende, noch an demselben Tag (dem 7. November) entstandene Gedicht *Nachklang* dekonstruiert dann allerdings gnadenlos die trotz Trauer und Schmerz enthusiastische Pracht des Gedichts *Hochbild*, wenn es den Dichter in dem glanzlosen Moment zeigt, wo ihn der poetische Aufschwung verlassen hat und die schiere Not über den nun Schutzlosen Macht gewinnt:

Es klingt so prächtig, wenn der Dichter
Der Sonne bald, dem Kaiser sich vergleicht;
Doch er verbirgt die traurigen Gesichter,
Wenn er in düstren Nächten schleicht.

Von Wolken streifenhaft befangen
Versank zu Nacht des Himmels reinstes Blau;
Vermagert bleich sind meine Wangen
Und meine Herzenstränen grau.

Lass mich nicht so der Nacht dem Schmerze,
Du allerliebstes, du mein Mondgesicht!
O du mein Phosphor, meine Kerze,
Du meine Sonne, du mein Licht.

Die beiden vom Gestus her polar entgegengesetzten Gedichte muss man unbedingt zusammen sehen. Sie zeigen nicht nur eine gewaltige emotionale Spannweite und geradezu rührende Ehrlichkeit des Dichters, sondern im größeren Kontext auch das poetische Verfahren Goethes, mit dem er die Gedichte des *Divan* und insbesondere des *Buchs Suleika* als ein nicht linear zusammenhängendes und abgeschlossenes, dennoch durch Korrespondenzen und Gegenbilder in einem vielschichtigen, über kleinere und größere Zwischenräume wirksamen Verweisungszusammenhang stehendes Ganzes begreift. Was dem einzelnen Gedicht eine große Autonomie einräumt, während es gleichzeitig als Teil eines lebendigen Kosmos erscheint: eines poetischen, der Natur jedoch vergleichbaren.

Goethe selbst hat sich über dieses Verfahren eines freieren Zusammenhangs ziemlich spät einmal (in einem Brief an K. J. L. Iken vom 27. September 1827) so geäußert: »Da sich gar manches unserer Erfahrungen nicht rund aussprechen und direkt mitteilen lässt, so habe ich seit langem das Mittel gewählt, durch einander gegenübergestellte und sich gleichsam in einander abspiegelnde Gebilde den geheimeren Sinn dem Aufmerkenden zu offenbaren. Da alles, was von mir mitgeteilt worden, auf Lebenserfahrung beruht, so darf ich wohl andeuten und hoffen, dass man meine Dichtungen auch wieder *erleben* wolle und werde.«

Dass es auch im *Buch Suleika* einen solchen »geheimeren Sinn« aufzuspüren gibt, ist zu vermuten. Doch macht es einem selbst dieses Buch, das doch etwas so Populäres wie die Liebe zum Thema hat, nicht ganz leicht mit dem von Goethe erhofften »Wieder-Erleben«. Zum einen, weil es Gedichte enthält – etwa das Gedicht *Wiederfinden*, oder das Gedicht *Gingo biloba* oder Mariannes Gedichte an den Ost- und an den Westwind –, die für sich so bekannt geworden sind, dass man sie bei der fortlaufenden Lektüre kaum noch einordnen kann als Teile eines größeren Ganzen. Zum andern aber ist es das Wissen um den biographischen Hintergrund, und dass man aufgrund der beinah vollständig vorhandenen Handschriften die Entstehung der meisten Gedichte genau datieren kann, was es einem schwer macht, von der unmittelbar dem Erleben entspringenden Dramaturgie dieser Liebesgedichte auf das nachträgliche künstliche Arrangement Goethes im *Buch Suleika* ohne weiteres umzusteigen.

Doch sosehr der biographische Hintergrund, das Wissen etwa, dass Mariannes Gedichte an den Ostwind und an den Westwind unmittelbar vor der letzten Begegnung in Heidelberg und unmittelbar danach (vielleicht sogar beide Male in der Reisekutsche) entstanden sind, dem Leser, der Leserin ein spontaneres »Wieder-Erleben« erlaubt – das Umsteigen in den Liebeskosmos des *Buchs Suleika* lohnt sich unbedingt. Denn eigentlich wird man erst da auf jene der privaten Biographie enthobene allgemein menschliche Ebene gelangen und damit in jene besondere Weite, in der echte Dichtung sich bewegt.

Und man sollte sich nicht täuschen. Schon das einzelne Gedicht, wie direkt es auch dem Leben entsprungen sein mag, unternimmt – jedenfalls bei zwei so eminenten Dichtern (und Marianne, bisher eine versierte Verfasserin von Gelegenheitsgedichten in einem üblichen Sinn und allerdings auch hochbegabte Sängerin, die selber Gedichte vertonte, wurde dazu in diesem extremen Moment ihres Lebens) – eine grundsätzliche und stets gewagte Transformation: wenn die diffuse seelische Erregung Form annimmt (in Sprache, Rhythmus, Reim) und sich verwandelt in das, was Goethe einmal das »Überirdische der kleinen Kunstwelt« nennt. Wo die Wirklichkeit im besten Fall erst wahrhaft zu sich selbst kommt: zu »lauterer Wahrheit«, zu »Liebesklarheit« wird, wie es in Suleikas Versen einmal heißt.

Süßes Dichten, lautre Wahrheit
Fesselt mich in Sympathie!
Rein verkörpert Liebesklarheit,
Im Gewand der Poesie.

Im *Buch Suleika* gesellt sich zu dieser grundsätzlichen Verwandlung allerdings noch eine spezielle in Form eines Rollenspiels, das gleich zu Beginn, mit der Namensgebung der beiden Liebenden – Suleika und Hatem – inszeniert wird. Was so entsteht, ist ein »Duodrama«, so Goethes Ausdruck, das sich gleichsam in der Schwebe hält: zwischen einem realen Liebespaar, von dem man die Namen nicht kennt, und einem exemplarisch-legendenhaften – Jussuf und Suleika, Goethe insbesondere vertraut aus dem Roman des persischen Dichters Dschami –, in dem sich das reale Liebespaar spiegelt. Wobei der männliche Part, der mit Jussufs Schönheit und Jugend nicht mehr konkurrieren kann, sich einen anderen Namen, ebenfalls aus der persischen Literaturgeschichte, zulegt: Hatem.

So stimmt es in gewisser Weise, was Goethe in einer Ankündigung des *Divan* schreibt: dass die Landschaft, in der diese Liebesgedichte spielten, »ganz persisch« sei. Und der Sprecher dieser Gedichte ist ja denn auch – obschon selbst ein Dichter – in keiner Weise mit Goethe zu vergleichen. Was ihn auszeichnet, ist nicht nur eine mit Stolz getragene Armut, die er, geliebt wie er sich weiß, als eigentlichen Reichtum ausspielt gegen die Herrscher dieser Welt. Gern tritt er auch als Unbehauster auf, als Wanderer (Goethes *Wanderjahre*-Roman scheint da nicht ganz weit weg zu sein), als Reisender, der durch halb Asien zieht: von den »Indostanen bis Damaskus« und wiederum »bis ans rote Meer«, um schließlich am Ufer des Euphrat für einen Augenblick bei seiner Geliebten auszuruhen, wo eine Art Vermählung stattfindet: mit dem ewig bewegten Fluss allerdings eher als mit der Geliebten, der er seinen Geist, nicht seine Anwesenheit verspricht (im Gedicht *Als ich auf dem Euphrat schiffte*).

Doch obschon die Suggestion des Orientalischen die Gedichte manchmal im Ganzen, manchmal stellenweise trägt, zumal ja auch mehrfach »Allah« genannt und im letzten Gedicht mit »Allahs Namenhundert« sogar der mohammedanische Rosenkranz aufgerufen ist, wird sie denn doch immer wieder unterlaufen. In den einzelnen Gedichten erkennt man zu deutlich die Sprechweise und Weltanschauung Goethes, während Mariannes Gedichte überhaupt einen ganz eigenen Ton anschlagen, obschon auch sie – über das Motiv des Windes als Liebesbote – sich auf Hafis bezieht. Marianne kannte Hafis gut und mit vielsagenden Hafis-Stellen, zu lyrischen Collagen zusammengebaut, unterhielt sie kurze Zeit auch einen sogenannten »Chiffern«-Briefwechsel mit dem Geliebten, worauf das Gedicht *Geheimschrift* anspielt.

Die Anlehnungen an das persische Vorbild verschmelzen in ihren beiden Gedichten allerdings so selbstverständlich mit der deutschen Landschaft und der ebenfalls sehr deutsch anmutenden Innigkeit und Liedhaftigkeit ihrer Verse, dass man an eine »persische Landschaft« nicht mehr denkt. Dennoch dürften auch diese Gedichte, zum Teil mindestens, ihre erotische Energie sowohl wie das »Seelerregende« aus der Lust an der Suleika-Rolle, dem »Versteckenspielen«, das auch Goethe liebte (»Es hat mir von jeher Spaß gemacht, Verstecken zu spielen«, so einmal an den Grafen Reinhard), gezogen haben.

Es ist diese Freude an der Freiheit des Spiels, die Westliches und Östliches im *Buch Suleika* unauflöslich verschmelzen lässt. So dass am Ende keine »persische Landschaft« entsteht. Sondern vielmehr eine der Intention des ganzen *Divan* entsprechende – zwischen Main und Euphrat, zwischen realem Erleben und poetischer Verkleidung, zwischen männlicher und weiblicher Stimme, zwischen Scherz, Leichtsinn und höchstem Ernst pulsierende – Weltlandschaft.

In solcher Landschaft ereignet sich die Liebesgeschichte des *Buchs Suleika*. Man kann es sogar einen Liebesroman nennen. Es beginnt mit einem Liebesbekenntnis des Mannes und der Erfahrung von Nähe, denn es gibt da den verliebten Blickwechsel und die Umarmungen (»Nicht Gelegenheit macht Diebe«), und er endet in der schicksalhaften Entfernung der beiden Liebenden, die kein Zerwürfnis, sondern äußere Verhältnisse – in den Gedichten nicht recht einsehbar, im wirklichen Leben jedoch die Notwendigkeit der Entsagung – getrennt haben.

Doch er endet erstaunlich. Nicht in Liebesklagen, nicht in Verzweiflung, Stockung und Erstarrung, sondern mit einem Zerstäuben der Liebesgefühle in die ganze Welt. Als habe sich die entfernte Geliebte auf magisch-mythische – oder eben poetische Weise in den Gestaltenreichtum der Natur verwandelt: »In tausend Formen magst du dich verstecken, / Doch, Allerliebste, gleich erkenn' ich dich.«

Man kann das erotischen Pantheismus nennen. Doch war auch dieser für Goethe eine »Lebenserfahrung«. So schrieb er einst (am 10. April 1782) an Charlotte von Stein: »Ich schäme mich dir zu wiederhohlen, wie und wie immer ich an dich denke. Du bist mir in alle Gegenstände transsubstanziiert, ich seh alles recht gut und sehe dich doch überall ich bin weder abwesend noch zerstreut und doch immer bei dir und immer mit dir beschäftigt.«

Und hier, spätestens, ist der Moment, sich daran zu erinnern, dass das *Buch Suleika* im Gesamtkonzept des *Divan* unmittelbar und in schärfstem Kontrast auf das *Buch des Timur* folgt. Genauer: auf das Gedicht *Der Winter und Timur,* aus dem dieses grausige Kriegs- und Winterbuch eigentlich besteht. Tod und Zerstörung, Gewalt, Hass und Eiseskälte beherrschen es ganz. Und wenn es sich auch direkt auf den Eroberer und Gewaltherrscher Timur Leng bezieht, dessen Tyrannei Hafis' letzte Lebensjahre überschattete und der in unendlich verlustreichen Feldzügen halb Asien eroberte, bis er schließlich bei einem Winterfeldzug in China starb, so war es für Goethe doch auch eine Abrechnung: nicht nur mit der kalten, lichtarmen Jahreszeit, welche er nicht mochte, sondern auch mit Napoleons unersättlicher Kriegslust, die ebenfalls bei einem Winterfeldzug (nach Russland) schließlich gestoppt wurde.

Vor diesem Hintergrund muss man das *Buch Suleika* lesen: als Liebesbuch, als Friedensbuch. Mehr noch: als poetische Verkörperung eines Weltprinzips namens Liebe, in dem Goethes Naturschau wie seine Religiosität (bei ihm »innigst identisch«) ihren Kern haben. Von diesem Weltprinzip spricht hoch erregt in visionärer Großartigkeit das Gedicht *Wiederfinden.* Und wenn das Gedicht mit seinem eigenwilligen Schöpfungsmythos etwas Wesentliches von Goethes

Weltanschauung klarmacht, so ist es dies: Es gibt das Auseinanderfahren und Erstarren in getrenntesten Positionen: stumm, »ohne Sehnsucht, ohne Klang« – und ohne Leben. Und es gibt – was einem zweiten, erst wirklich Leben schaffenden Schöpfungsmoment gleichkommt – zwischen Finsternis und Licht: die »Morgenröte«. Welche, nach Goethes Auffassung, Licht und Finsternis vermittelt und so das göttliche Prinzip Liebe in die Welt bringt.

Und das heißt nicht nur, dass im Zusammenfinden des Weiblichen und Männlichen allüberall auf dieser Welt Leben entsteht. Dieses Weltprinzip zeitigt auch einen anderen Blick auf die Welt. Es ist ein Blick, der nicht den Tod, sondern, wo er hinfällt, das Lebendige sucht und sieht:

Und zu ungemessnem Leben
Ist Gefühl und Blick gekehrt.

Das aber kommt einer immerwährenden Weltschöpfung gleich, die dem Menschen anheimgestellt ist. Es ist der von Liebe bewegte Blick auf die Welt, der diese lebendig erhält.

Ob Marianne, die so viele Jahre sehnsuchtsvoll auf Goethes Wiederkommen wartete, am Ende auch zu dieser Allliebe fand? Aufgrund ihres liebefähigen Wesens und ihrer besonderen Liebe zur Natur darf man davon ausgehen, und manche Briefe an Goethe bezeugen es direkt. Wo der Geliebte fehlte, war doch die Natur da, die er ihr auf so erregende Weise erschlossen hatte – gab es beim Blick von der Gerbermühle auf den Main und in die Weite entfernter Höhen noch immer jenes »reine Himmels-Land«.

Und es ist sehr wahrscheinlich, dass sie den so besonderen Regenbogen, den sie in einem späten Brief an den geliebten Freund beschreibt, auch mit seinen Augen sah: »Wenn wir nur zu oft und gern Ihre Gegenwart wünschen, und jedes freudige Ereignis mit Ihnen zu teilen verlangten, so ist es ganz besonders bei diesen schönen und wundervollen Beleuchtungen der Fall, womit dieser Sommer uns für anderweitige Unbilden zu entschädigen sucht. Ich weiß nicht, ob es eine Eigenheit hiesiger Gegend oder auch sonst beobachtet wird: noch nie schienen mir die Sonnenuntergänge so eigen, eine solche Masse von Licht, nie die Wolkenbildungen so phantastisch, so häufige Regenbogen, wovon ich gestern einen ganz kuriosen sah. Er stand bei mäßiger Beleuchtung nach einem Gewitterregen gegen Offenbach, und zwar so niedrig am Horizont, dass der innerste Bogen gerade einige Häuser und die Kirche überwölbte, und so breitete er sich wie eine sehr große Scheibe aus, die in der Mitte eine Öffnung hat, worin man nichts als die Gebäude sah; die Breite war so beträchtlich, dass man das Grün sechsmal unterscheiden konnte, die Farben waren schwach, aber deutlich, das Grün am deutlichsten; es war ein eigener, zauberischer Anblick.«

Darauf antwortete Goethe am 6. Dezember 1831: »Das liebe Schreiben vom 17. Juli liegt mir seit jener Zeit immer vor Augen, bis ich gestern Raum fand, die schöne Beschreibung des merkwürdigen Regenbogens in meine Kollektaneen eintragen zu lassen. Es ist ein sehr seltener Fall, der nur unter den mannigfaltigen Bedingungen sich zutragen kann. Wie Sie sich denn wohl erinnern, dass es hoch Mittag gewesen.«

Inhalt